AF602303

Orléans 9 Novembre 1908

VENTE

des 9, 10, 11, 12, 13 Novembre 1908

Salle des Ventes d'Orléans

Rue Parisie

Objets d'Art et de Curiosité

DÉPENDANT DE LA

SUCCESSION BLANCHARD

Commissaires - Priseurs

D'ORLÉANS

Expert :

M. R. DUPLAN

10, rue Rossini, à Paris

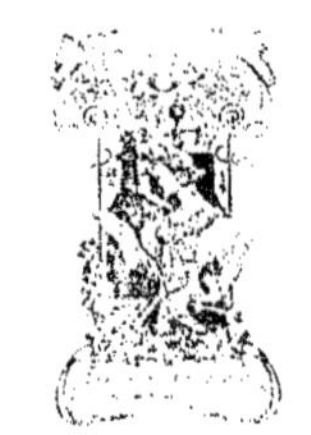

CATALOGUE

DES

OBJETS D'ART & DE CURIOSITÉ

Tableaux, Aquarelles, Dessins

GRAVURES

faisant partie de l'œuvre d'Aug. BLANCHARD

LIVRES

PORCELAINES et FAIENCES

anciennes

MEUBLES & SIÈGES DES XVIe, XVIIe & XVIIIe SIÈCLES

Objets de vitrine, Miniatures

Bijoux et Argenterie ancienne

Dentelles, Broderies et Étoffes anciennes

TAPISSERIES

dépendant de la Succession de M. BLANCHARD

ET DONT LA VENTE AURA LIEU A **ORLÉANS**

Salle des Ventes, rue Parisie, 13

Les 9, 10, 11, 12, 13 Novembre 1908, à 2 heures

et jours suivants, s'il y a lieu

Les Commissaires-Priseurs d'Orléans

EXPERT

M. R. DUPLAN, 10, rue Rossini, à Paris

Chez lesquels se distribue le Catalogue

EXPOSITION PUBLIQUE

Les 7 et 8 Novembre 1908, de 2 heures à 5 heures

Salle des Ventes, rue Parisie, 13

CONDITIONS DE LA VENTE

Elle sera faite au comptant.

Les adjudicataires paieront *dix pour cent* en sus des prix d'adjudication.

L'exposition mettant le public à même de se rendre compte de l'état et de la nature des objets vendus, il ne sera admis aucune réclamation pour quelque cause que ce soit une fois l'adjudication prononcée.

ORDRE DES VACATIONS

Le 9 Novembre 1908.

Tableaux, Aquarelles, Dessins, Gravures, Livres. . . 1 à 50
Porcelaines, Faïences, Terres cuites et Plâtres. . . 50 à 101

Le 10 Novembre 1908.

Meubles et Sièges. . . . . 102 à 195

Le 11 Novembre 1908.

Bronzes et Etains. . . . . 196 à 230
Objets de vitrine et Divers . . . . 231 à 251
Objets non catalogués. 362

Le 12 Novembre 1908.

Bijoux et Argenterie. . . . . 252 à 327

Le 13 Novembre 1908.

Dentelles, Broderies, Etoffes . . . . 328 à 334
Tapisseries. . . . . 335 à 361

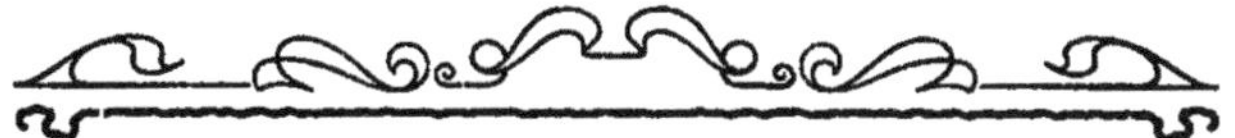

DÉSIGNATION

◆ ◆ ◆

Tableaux, Aquarelles, Dessins
Gravures, Livres

Tableaux

ÉCOLE FRANÇAISE (XVIIIe siècle).

1 — *Tête de Jeune Fille.*

2 — Quatre dessus de porte à sujets champêtres et galants inspirés de Lancret, entourages de baguettes en bois peint et sculpté.

ÉCOLE FRANÇAISE (moderne).

3 — *L'Annonciation.* — Esquisse.

4 — *Scène d'intérieur*, signé Clément. Cadre en bois sculpté.

5 — *Daphnis et Chloé.*

6 — *Bords de rivière,* effet de neige.

7 — Souvenir d'Italie, *Femmes à la fontaine.*

8 — *Intérieur de cuisine.*

Gouaches et Aquarelles

9 — Feuille d'éventail peinte à la gouache : Renaud et Armide. Ecole française (XVIIe siècle).

10 — Petite gouache, nature morte : Instruments de musique, fleurs et vase sur une table. Ecole française (XVIIIe siècle).

11 — Deux aquarelles gouachées : Vues d'Italie.

12 — Grande aquarelle : Paysage avec pont et animaux. Signée Chouppe.

13 — Grande aquarelle : *Intérieur de salon.* Signée Chouppe.

14 — Aquarelle : *Vaches à l'abreuvoir.* Signée Chouppe.

15 — Aquarelle : *Vue de Venise.*

16 — Aquarelle : Paysage, par Pensée.

Pastels

17 — Deux pastels se faisant pendant. Portraits de Jeunes Filles. Ecole française (XVIIIe siècle).

Dessins

18 — Dessin aux deux crayons, par Blanchard : Femme couchée.

19 — Deux dessins au crayon noir de Pensée.

Gravures

20 — Deux gravures, d'après Callot : *Les Gueux.*

21 — Gravure, d'après Coypel : Portrait de Louis XIV.

22 — Suite de six gravures, d'après Le Brun. Histoire d'Alexandre. Gravées par Edelinck et Audran.

23 — Gravure en couleurs, par Debucourt, d'après Vernet : Garde national à cheval.

24 — Gravure à l'eau-forte signée de Poseler : *Le Forgeron.*

25 — Grande gravure, d'après Frith : « *The Derby Day* », par Blanchard.

26 et 27 — Deux gravures en noir, d'après Meissonier. *Le Joueur d'échecs, Visite à l'atelier*, par Blanchard.

28 à 32 — Cinq gravures avant la lettre : Sujets divers, par Blanchard.

33 et 34 — Deux gravures en noir, par Blanchard, d'après Alma Tadema.

35 — Gravure : Sujet religieux, par Blanchard, avant toute lettre.

36 — Gravure en noir, par Blanchard : *La descente de croix*, d'après Rubens. Epreuve avant la lettre avec toute marge.

37 — Gravure en noir, par Blanchard, d'après Téniers. Epreuve avant la lettre.

38 à 42 — Important lot de gravures, par Blanchard, épreuves pour la plupart avant toute lettre (sera divisé).

43 à 46 — Lot de gravures, lithographies, estampes, par Raffet, Daumier, Charlet, Bellanger et autres (sera divisé).

47 — Sous ce numéro seront vendus les tableaux, aquarelles, dessins, gravures omis ou ne figurant pas au catalogue.

Livres

48 à 50 — Lot de volumes anciens et reliures en maroquin avec dorures au fer, livres d'heures, missels, etc., etc.

✤ ✤ ✤

Porcelaines
Faïences, Terres cuites, Plâtres

Porcelaines

51 — Deux vases en porcelaine de Chine, famille rose, montés en candélabres à bouquets de lys.

52 — Deux petites potiches à couvercles en ancienne porcelaine de Chine. Décor bleu.

53 — Potiche en ancienne porcelaine de Chine. Décor bleu sur blanc.

54 — Drageoir à compartiments en ancienne porcelaine du Japon. Socle en bois de fer.

55 — Lot d'assiettes en ancienne porcelaine du Japon. Décor bleu sur blanc.

56 — Groupe en ancien biscuit : Moissonneurs.

57 — Deux groupes en biscuit : Jardinier et Jardinière.

58 — Socle en ancien biscuit formé par un fût de colonne sur terrassement rocheux.

59 — Deux figurines en biscuit : Amours lisant.

60 — Corbeille, pièce de surtout, en ancienne porcelaine de Paris. Décor à fond bleu et rehauts d'or.

61 — Vase forme Médicis en ancienne porcelaine blanche de Paris, anses formées par des cariatides de Sphinx. Epoque Empire.

62 — Onze pots à crème en ancienne porcelaine de Paris. Décor à godrons.

63 — Service à café en ancienne porcelaine de Paris. Décor à godrons, blanc et or.

64 — Dix tasses à café et soucoupes en ancienne porcelaine de Paris, blanc et or.

65 — Cinq tasses et quatre soucoupes en ancienne porcelaine de Paris. Décor varié.

Faïences

66 — Deux lions assis sur terrassement en ancienne faïence de Nevers. Décor bleu sur blanc.

67 — Grand cache-pot en anciene faïence de Nevers. Décor bleu sur blanc.

68 — Grand vase forme Médecis en ancienne faience de Nevers. Décor bleu sur blanc.

69 — Deux petits fûts de colonne en ancienne faïence de Lille.

70 — Deux cornets en ancienne faïence de Delft. Décor bleu sur blanc.

71 — Potiche à pans côtelés en ancienne faïence de Delft. Décor bleu sur blanc.

72 — Bol à panse côtelée en ancienne faïence de Delft. Décor bleu sur blanc.

73 — Bouteille en ancienne faïence de Delft. Décor bleu sur blanc.

74 — Potiche en ancienne faïence de Delft. Décor bleu sur blanc.

75 — Petite bouteille forme gourde en ancienne faïence de Delft, panse côtelée.

76 — Treize assiettes en ancienne faïence de Delft. Décor bleu sur blanc.

77 — Quatre assiettes en ancienne faïence de Delft. Décor polychrome.

78 — Cache-pot en ancienne faïence de Moustiers. Décor bleu sur blanc.

79 — Deux potiches en ancienne faïence de Delft. Décor bleu sur blanc.

80 à 82 — Lot de bannettes en anciennes faïences de Nevers, Rouen, Strasbourg et divers (sera divisé).

83 et 84 — Lot de soupières en anciennes faïences diverses (sera divisé).

85 — Deux aiguières et leurs bassins en ancienne faïence de Strasbourg.

*

86 à 90 — Lot de pots à pharmacie, pots à tabac, pichets, bouteilles, pots à épices en faïences diverses anciennes (sera divisé).

91 — Lot d'assiettes et plats en ancienne faïence de Strasbourg.

92 — Lot d'assiettes et plats en ancienne faïence de Delft.

93 — Lot d'assiettes et plats en ancienne faïence de Rouen.

94 et 95 — Bouquetières, huiliers, petites potiches, encriers en faïences anciennes diverses (sera divisé).

96 — Lot d'assiettes et plats en anciennes faïences diverses.

Terres cuites

97 — Paire de vases en terre cuite, forme Médicis à mascarons de têtes d'enfants et têtes de béliers.

98 — Petit buste en terre cuite. Tête de jeune femme. Signé de de Montjoie.

99 — Vase de forme ovoïde en terre cuite, les anses formées par des têtes de béliers, la panse décorée de guirlandes retenues par des rubans. Il repose sur un fût de colonne cannelé et enguirlandé. XVIIIe siècle.

Plâtre

100 — Statue de femme drapée tenant une couronne. Plâtre peint.

Verrerie

101 — Un lot verrerie ancienne.

✤ ✤ ✤

Meubles et Sièges

Meubles

102 — Grande armoire à trois portes et trois tiroirs dans le socle, en noyer mouluré. XVIIe siècle.

103 — Buffet à deux corps, quatre vantaux et deux tiroirs, en noyer ciré orné de ferrures. Époque Louis XV.

104 — Meuble à deux corps en noyer ciré, s'ouvrant à quatre vantaux, colonnettes aux angles. Fin du XVIe siècle.

105 — Meuble semblable au précédent.

106 — Meuble à deux corps en noyer, s'ouvrant à quatre vantaux et deux tiroirs présentant des panneaux sculptés, des mascarons de têtes d'anges et têtes de femmes. XVIe siècle.

107 — Autre meuble à deux corps, même genre que le précédent.

108 — Meuble bahut à deux corps, s'ouvrant à quatre vantaux et trois tiroirs, en noyer sculpté, avec colonnes torses aux angles. Époque Louis XIII.

109 — Meuble crédence en chêne sculpté. Style Renaissance.

110 — Meuble en chêne à un vantail et un tiroir, le haut formant vitrine.

111 — Coffre en chêne sculpté. XVIe siècle.

112 — Petit coffre en chêne sculpté avec panneau : *l'Adoration des Mages*. XVIe siècle.

113 — Petit bureau bonheur du jour en acajou, orné de cuivre; dessus en marbre blanc à galerie. Époque Louis XVI.

114 — Commode en marqueterie de bois rose et bois de violette, pieds cambrés ; dessus en marbre gris. Époque Louis XVI.

115 — Bureau à abattant de forme contournée, en bois de violette orné de bronzes.

116 — Petite commode à trois tiroirs, en bois de placage, chutes à mascarons de têtes de femmes, poignées et entrées de serrure en bronze. Époque Louis XIV.

117 — Commode en bois de placage, ornée de bronzes ; dessus en marbre. Époque de la Régence.

118 — Petite commode en bois de violette et bois de placage ornée de bronzes ; dessus en marbre. Époque Louis XV.

119 — Petite commode en acajou, ornée de cuivre. Époque Louis XVI.

120 — Commode en marqueterie de bois de violette, ornée de bronzes ; dessus en marbre brèche. Époque Régence.

121 — Lit en bois peint à colonnettes. Époque Louis XVI.

122 — Lit en noyer. XVIIIe siècle.

123 — Grand bureau hollandais en noyer à huit pieds réunis par des entrejambes, entrées de serrures en bronze. XVIIe siècle.

124 — Bureau à abattant avec bibliothèque vitrée dans le haut et s'ouvrant dans le bas à deux vantaux. XVIIIe siècle.

125 — Bureau à abattant en palissandre, garni de bronzes.

126 — Deux encoignures en bois rose et bois de couleur; dessus en marbre. Époque Louis XVI.

127 — Petite vitrine à hauteur d'appui en bois peint, s'ouvrant à deux vantaux. XVIIIe siècle.

128 — Console en bois sculpté et doré; dessus en marbre.

129 — Petite console demi-lune en bois sculpté, peint en blanc et ajouré, à rehauts d'or. Motif à guirlandes et brûle-parfum; dessus en marbre. Époque Louis XVI.

130 — Deux supports à trois pieds en acajou. Époque Premier Empire.

131 — Secrétaire en acajou; dessus marbre. Époque Louis XVI.

132 — Petite encoignure formant étagère en bois peint, fond jaune, décor à bouquets de fleurs. Époque Louis XVI.

133 — Table en chêne avec tiroir et tablier sculpté, pieds tors et entrejambes. Époque Louis XIII.

134 — Coffre en tapisserie au point avec son support, en noyer ciré, pieds à colonnettes. XVIIe siècle.

135 — Petite table de chevet en bois clair à filets noirs, à tablette d'entrejambes et écran. Époque Louis XV.

136 — Grande console en bois sculpté et doré, à rinceaux et dessus de marbre blanc. XVIIIe siècle.

137 — Deux servantes étagères en acajou. Louis XVI.

138 — Deux commodes de poupée.

139 — Une table poudreuse en bois rose et bois de violette. Époque Louis XV.

140 — Petite table rectangulaire bois rose et acajou. Style Louis XVI.

141 — Table rectangulaire en noyer ciré et sculpté. Époque de la Régence.

142 — Deux servantes étagères en chêne. XVIIe siècle.

143 — Deux petites tables en chêne. XVIIe siècle.

144 — Table en noyer à entrejambes. XVIIe siècle.

145 — Table en chêne à pieds tors et entrejambes. Époque Louis XIII.

146 — Petite table à pieds tors en chêne sculpté. XVIIe siècle.

147 — Table en noyer ciré. Époque Louis XIII.

148 — Petite table rectangulaire en noyer ciré. Époque Louis XIII.

149 — Vitrine en chêne sculpté à un vantail. Style Louis XIII.

150 — Petit meuble crédence en noyer sculpté. Style Renaissance.

151 — Paravent à six feuilles en papier peint, décor à branchages, fleurs et oiseaux. XVIIIe siècle.

152 — Paravent à quatre feuilles en satin brodé et application de broderies d'or. Époque Louis XIV.

153 — Deux miroirs appliques en verre de Venise, avec bras de lumière. XVIIIe siècle.

154 — Deux grandes glaces avec encadrement en bois sculpté ajouré, à fond de glace et doré. Louis XIV.

155 — Petit miroir cadre bois noir avec application de cuivre repoussé et doré. Louis XIII.

156 — Miroir ovale avec cadre ancien en bois sculpté et doré.

157 — Glace avec encadrement en bois sculpté, parties ajourées à fond de glace. XVIIIe siècle.

158 — Deux petits miroirs cadres bois sculpté et doré. Louis XVI.

159 — Petit miroir avec encadrement en bois doré, rechampi vert. Époque Louis XV.

160-161 — Deux glaces avec encadrement en bois sculpté et doré, rechampi en vert. Époque Louis XV.

162 — Glace avec cadre et fronton en bois sculpté et doré. Époque Louis XVI.

163 — Glace cadre en bois sculpté et doré. Époque Louis XV.

164 — Miroir en bois sculpté et doré. XVIIIe siècle.

165 — Glace à cadre en bois sculpté et doré. XVIIIe siècle.

166 — Baromètre en bois sculpté et doré à fronton. Époque Louis XVI.

167 — Deux petites consoles d'applique en bois doré.

168 — Deux autres consoles d'applique en bois peint et rechampi. XVIIIe siècle.

169-170-171 — Trois rouets anciens.

172 — Trumeau en bois sculpté. Époque Louis XVI.

173 — Un lot d'ornements anciens et baguettes en bois sculpté.

174 — Lot de cadres anciens.

425 Paravent à 4 feuilles satin brodé et applications époque L XIV

Sièges

175 — Meuble de salon en bois sculpté, peint blanc et rechampi gris. Époque Louis XV. Composé d'un canapé, six fauteuils et six chaises.

176 — Six fauteuils, dossiers à médaillons, en bois
3020 sculpté et laqué, modèle à rubans et feuilles d'acanthe; trois sont garnis en tapisserie au petit point: deux en soierie à fleurs, un en blanc. XVIIIe siècle.

177 — Trois tabourets de pied. XVIIIe siècle.

178 — Chaise longue en deux parties, bois sculpté et
1.005 laqué blanc, couverte en cretonne. Époque Louis XV.

3.120 179 — Fauteuil couvert en ancienne tapisserie d'Aubusson à fleurs, fond vert olive.

180 — Fauteuil bois sculpté et doré, foncé de canné, garniture en damas vert. Époque Louis XV.

181 — Quatre fauteuils en merisier, dossiers à colonnettes. Époque Louis XVI.

182 — Fauteuil en bois sculpté et peint. Époque Louis XV.

183 — Cinq chaises, modèle à hauts dossiers carrés, dont trois d'époque Louis XIII, couvertes en tapisserie au point, et deux modernes, couvertes en étoffe à applications.

184 — Deux chaises en noyer à hauts dossiers, forme carrée, pieds cambrés à entrejambe, couvertes en tapisserie au point. Époque Louis XIII.

185 — Deux tabourets en noyer, couverts en tapisserie au point.

186 — Deux fauteuils en noyer sculpté, dossiers à lyre. Époque Louis XVI.

187 — Deux fauteuils à hauts dossiers. Époque Louis XIII.

188 — Douze chaises bois naturel, garnies d'étoffe ou de paille. Époque Louis XVI.

189 — Six chaises en noyer sculpté à palme, couvertes en velours. Époque Empire.

190 — Cinq chaises en chêne. Époque Louis XIII.

191 — Trois fauteuils et deux chaises bois anciens. XVIIIe siècle.

192 — Quatre bois de chaises. Époque Premier Empire.

193 — Un bois de fauteuil. Époque Louis XV.

194 — Un bois de fauteuil. Époque Louis XIII.

195 — Un bois d'écran en acajou. Époque Empire.

✤ ✤ ✤

Bronzes et Étains

Bronzes

196 — Pendule rocaille en bronze ciselé et doré, le mouvement supporté par un sanglier en bronze patine brune; cadran signé de Chauvot, à Paris. Époque Louis XV.

197 — Pendule ancienne en marqueterie de cuivre sur écaille orné de bronzes; cadran signé de Gribelin, à Paris. Époque Louis XIV.

198 — Pendule en bronze doré à sujet : « La Laitière ». Époque Premier Empire.

199 — Pendule en bronze doré avec mouvement dans le socle, surmontée d'un sujet : « Le Jeu de bilboquet ». Époque Empire.

200 — Pendule rocaille en bronze doré style Louis XV ; cadran signé de Bataille.

201 — Deux appliques à deux lumières en bronze ciselé et doré; modèle au carquois. Époque Louis XVI.

202 — Deux petites appliques en bronze doré à trois lumières, bouquets de lys.

203 — Brûle-parfums en bronze de la Chine, patine brune.

204 — Deux lampes à colonnes, monture bronze. Époque Empire.

205 à 209 — Dix-sept paires de flambeaux et girandoles en bronze doré, argenté et en cuivre; anciens et modernes. (Sera divisé.)

210 et 211 — Deux paires de chenets en cuivre, à galerie. Époque Louis XVI.

212 — Galerie de foyer, porte-pelle et pincettes en bronze.

213 — Buste de Rembrandt, par Carrier. Bronze argenté.

214 — Trois sonnettes anciennes en bronze, dont une à figure de femme.

215 — Porte-allumettes en bronze. Coq gaulois, de Caïn.

216 — Bronze. Faisan doré.

217 — Bronze. Cheval.

218 — Bronze de Barbedienne. Cachet.

219 — Grand seau en cuivre rouge, gravé et repoussé.

220 — Fontaine et son bassin en cuivre repoussé. XVIIe siècle.

221 — Lot de petits bronzes et cuivreries d'ameublement.

Étains

222 et 223 — Quatre écuelles avec plateaux et couvercles en étain.

224 à 226 — Douze plats et assiettes, bords à contours ou à filets.

227 à 230 — Huit pichets, vases, coupes en étain.

✤ ✤ ✤

Objets de vitrine et Divers

Objets de vitrine

231 — Boite ronde en ancien verni avec figure de femme peinte.

232 — Boite ronde en écaille brune, le dessus orné d'une miniature. « Portrait de jeune femme », cerclée d'or.

234 — Boite ronde en ivoire, cerclée d'or, dessus en verre, avec décor, au chiffre L. M.

234 — Miniature : Portrait de jeune femme, robe décolletée, manteau noir XVIIIe siècle. Cadre en bois sculpté et doré.

235 — Dessin à la sépia : Paysage, par Nerviche. Cadre en bois sculpté et doré. Epoque Louis XVI.

236 — Petite boite ronde en écaille blonde piquée d'or.

237 — Petite boite rectangulaire en ancien émail, décor en camaïeu rose à rehauts verts et dorés.

238 — Petite boite à parfums en ancien émail, couvercle ajouré.

239 — Quatre petits fixés, « Scènes galantes », dans des cadres noirs cerclés de bronze, XVIIIe siècle.

240 — Boucle de ceinture avec décor peint à la gouache. Jeune fille tressant une couronne.

241 — Miniature. Portrait d'homme en habit marron. Signé Forty, 1796.

242 — Petit médaillon en plâtre. Portrait de femme en relief. Cadre en bronze doré.

243 — Médaillon en cire, signé Brenet, 1833. Jupiter et Léda.

244 — Médaillon en cire : Jeune mère. Signé Brenet.

245 — Médaillon en cire : Buste de jeune femme.

246 — Médaillon en cire : « Gloire ».

247 — Plateau en laque du Japon forme de feuille.

248 — Christ en bois sculpté, dans un encadrement à fond de damas, cadre doré. XVIIIe siècle.

249 — Deux petits bénitiers en cuivre repoussé et ciselé. XVIIIe siècle.

250 — Christ en ivoire dans un cadre en bois sculpté et doré. XVIIIe siècle.

251 — Petit christ en ivoire dans un encadrement en bois sculpté et doré, parties en glaces. Epoque Louis XIV.

Bijoux

252 — Montre ancienne Louis XVI en or ciselé, deux tons, entourage en strass.

253 — Montre ancienne Louis XVI en or ciselé, deux tons.

254 — Montre ancienne en or à double boîtier, mouvement à répétition.

255 — Montre en or ciselé avec incrustations de pierres de couleur.

256 et 257 — Deux montres d'homme en or.

258 — Une montre argent Louis XVI.

359 — Bague montée d'un brillant solitaire ancien.

260 — Paire de boucles d'oreilles montées d'une rose avec entourage de petites roses.

261 — Paire de pendants d'oreilles boutons et poires en corail, monture or.

262 — Paire de petites boucles d'oreilles montées de trois petites roses.

263 — Paire de pendants d'oreilles montées de turquoises et demi-perles, avec motifs en émail.

264 — Petite plaque pendentif en or gravé et émaillé avec sa chaîne de cou.

265 — Trois sautoirs en or.

266 — Face à main en or.

267 — Bracelet souple en or, monté d'un médaillon, d'un cachet et de breloques.

268 — Bague, le corps monté de cinq roses anciennes.

269 à 272 — Dix-sept bagues en or anciennes et modernes.

273 à 275 — Trois bracelets or.

276 et 277 — Quatre cachets or.

278 — Lot de pendants et boucles d oreilles en or.

279 — Très petite broche en émail bleu sur or avec motif et entourage en roses.

280 — Pendentif normand en or repercé, monté de strass.

281 — Deux pendentifs en argent repercé, filigrané et émaillé, montés de pierres de couleur et de roses.

282 et 283 — Deux chaînes gourmettes giletières en or.

284 — Paire de doubles boutons de manchettes, dollars américains.

285 à 288 — Treize épingles de cravate (sera divisé).

289 — Un lot brisures et débris or.

✤ ✤ ✤

Bijoux, Argenterie et Plaqué

290 et 291 — Deux bracelets, un lot de boucles de souliers et agrafes de manteau en argent.

292 et 293 — Lot de débris de bijoux d'or et d'argent.

Argenterie

294 — Deux bonbonnières en argent.

295 — Trois boites à parfum en argent.

296 — Petit vase et deux petites timbales, argent.

297 — Petite jardinière en argent.

298 — Petite tabatière en argent.

299 — Cuiller à encens et porte-allumettes en argent.

300 — Porte-huilier en argent, époque Louis XVI, avec burettes en verre bleu et bouchons argent.

301 — Deux porte-salières, bouts de table en argent. Époque de la Restauration.

202 — Un porte-huilier en argent. Époque Empire.

303 — Un porte-huilier en argent. Époque Empire.

304 — Une verseuse tripode en argent. Époque Empire.

305 — Un pot à eau chaude de forme ovoïde, tripode, en argent. — Époque Empire.

306 — Quatre plats ronds en argent, à bords festonnés. Époque Empire.

307 — Verseuse tripode en argent. Époque Louis XV.

308 — Verseuse tripode en argent. Style Louis XV.

309 et 310 — Deux saucières en argent. Époque Empire.

311 — Sucrier à godrons en argent. Époque de la Restauration.

312 — Soupière en argent. Époque Premier Empire.

313 — Petite soupière et couvercle de forme basse sur piédouche en argent.

314 — Théière en argent anglais. Commencement du XIXe siècle.

315 — Quatre montures de salières et moutardiers en argent. Époque Empire; forme ronde tripode à figures d'amours.

316 — Six montures de salières et moutardiers en argent de forme ronde, tripode à cariatides de sphinx ailés. Époque Premier Empire.

317 — Deux montures de moutardier en argent, forme ovoïde. Époque Premier Empire.

318 — Verseuse en argent. Époque Premier Empire.

319 — Cuiller à punch en argent.

320 — Petite tasse à déguster en argent.

321 — Deux pinces à sucre en argent ancien.

322 — Une truelle à poisson, ivoire et argent.

323 — Deux cuillers à sucre en poudre en argent.

324 — Un manche à gigot, un rond de serviette, une cuiller à soupe, deux timbales, 9 cuillers à sel en argent.

325 — Douze cuillers à café en vermeil.

326 — Lot de plaqué et argenture.

327 — Vingt-quatre couteaux à dessert lame argent, manche ivoire.

♣ ♣ ♣

Dentelles, Étoffes et Broderies

328 — Lot de dentelles, broderies, applications et filets (sera divisé).

329 — Deux coussins en ancienne soierie brochée à fleurs.

330 — Décor de fenêtre en ancien damas rouge à ramages.

331 — Petit panneau rond en broderie au passé, figure de sainte. Entourage en dentelle d'or sur drap noir, cadre en bois sculpté. XVIIIe siècle.

332 — Petit panneau ovale en satin brodé au tambour; vase de fleurs. Cadre ovale ancien en bois sculpté et doré.

333 — Lot de tentures, portières et rideaux en ancienne toile de Jouy et toiles imprimées.

334 — Important lot d'étoffes diverses, soieries, broderies, guipures et filets anciens (sera divisé).

✤ ✤ ✤

Tapis et Tapisseries

335 — Grande tapisserie ancienne des Flandres, verdure animée de personnages et d'auimaux : « Moïse sauvé des eaux ». Bordure sur les quatre côtés.

366 — Panneau en ancienne tapisserie des Flandres, représentant un épisode de l'Ancien Testament. Bordures à décor de fleurs sur les quatre côtés. XVIIe siècle.

337 — Fragment de panneau en ancienne tapisserie verdure avec partie de bordure.

338 — Petit panneau en ancienne tapisserie d'Aubusson ou de Felletin. Sujet à petit personnage dans une verdure : « Le Jeu du Cerf volant ». Bordure à fleurs et rocailles sur les quatre côtés.

339 — Panneau en ancienne tapisserie verdure des Flandres. Paysage animé de volatile. Bordure à enroulements sur les quatre côtés.

340 — Fragment de tapisserie des Flandres. Verdure animée de volatiles avec fond de château. Bordure sur deux côtés.

341 — Bandeau en ancienne tapisserie de la Renaissance. Fragment de bordure.

342 à 345 — Important lot de fragments de tapisserie ancienne, verdures, bordures, etc. (Sera divisé.)

346 — Bandeau de cheminée en ancienne tapisserie. Fragment de bordure à feuilles et rinceaux.

347 — Petit panneau en ancienne tapisserie de soie, au petit point. Décor à attributs animaux et personnages, fond blanc. XVIIe siècle.

348 — Panneau rectangulaire en tapisserie au point et petit point. Sujet allégorique à la vendange. Décor à nombreux personnages, fleurs et arbustes. Cadre en bois sculpté et doré. Époque Louis XIV.

349 — Écran en noyer avec feuille en ancienne tapisserie au point.

350 — Écran en bois sculpté et doré avec feuille en ancienne tapisserie au point et petit point : « Apollon et Vénus ».

351 — Panneau en ancienne tapisserie au point et petit point, représentant des oiseaux, fleurs et entrelacs sur fond noir. Cadre ovale, bois sculpté Louis XIV.

352 à 360 — Important lot de morceaux de tapisseries anciennes au point et petit point ; panneaux, sièges, etc. (Sera divisé.)

361 — Grand tapis d'Aubusson.

362 — Objets omis ou non catalogués.

Orléans. — Imp. Orléanaise, 68, rue Royale.

www.ingramcontent.com/pod-product-compliance
Ingram Content Group UK Ltd.
Pitfield, Milton Keynes, MK11 3LW, UK
UKHW020509180726
13839UKWH00004B/1993

9 782329 506760